아버지와 함박꽃

아버지와
함박꽃

글·사진 김유리

꽃피다

프롤로그

아버지 뜰에
함박꽃이 피었습니다.

엄마를 잃었다.
패혈증으로 의식을 잃은 지 일주일 만이었다.
이별은 그렇게 갑자기 왔다.
2019년 12월 6일.

엄마의 영정사진이 없었다.
아버지는 장례를 위해 엄마 증명사진을 주셨다.
갑작스러운 죽음에 우리는 제대로 준비하지 못했다.

2015년 추석, 메밀밭에서 엄마 사진을 찍었다.
하얀 메밀꽃 속에서 엄마가 웃고 있었다.
그 사진으로 영정사진을 만들었다.

영정사진 속 웃는 엄마를 보며 내내 울었다.
엄마를 사진에 담을 수 있어 다행이었다.

엄마 없는 아버지를 사진에 담았다.
아내 잃은 아버지는 아흔 살 아이가 되었다.

이제 볼 수 없는 엄마와 어린 아버지께 나의 사진을 드린다.

엄마가

사라졌다

엄마가 사라졌다.

검버섯이 생긴 후로
엄마는 화장을 하지 않았다.

몇 해 전부터 집 안 이곳저곳이 흐트러졌다.
젊고 야무진 엄마는 더 이상 없었다.

가는 시간이 아깝다 말씀하셨지만…
붙잡을 생각도 딱히 없어 보였다.

2015년 가을
엄마가 웃었다.
웃음이 메밀꽃처럼 하얗다.

엄마 몸에 평생
살 붙을 날이 없었다.

시집와 노동을 멈춘 적이 있었을까?
거칠지만 엄마손은 이쁜 손이다.
엄마 닮아 내 손도 이쁘다.

살면서
봉숭아 꽃물을
몇 번이나 들이셨을까?

인생 끝자락에서
농사를 멈추고 꽃물을 들이셨다.

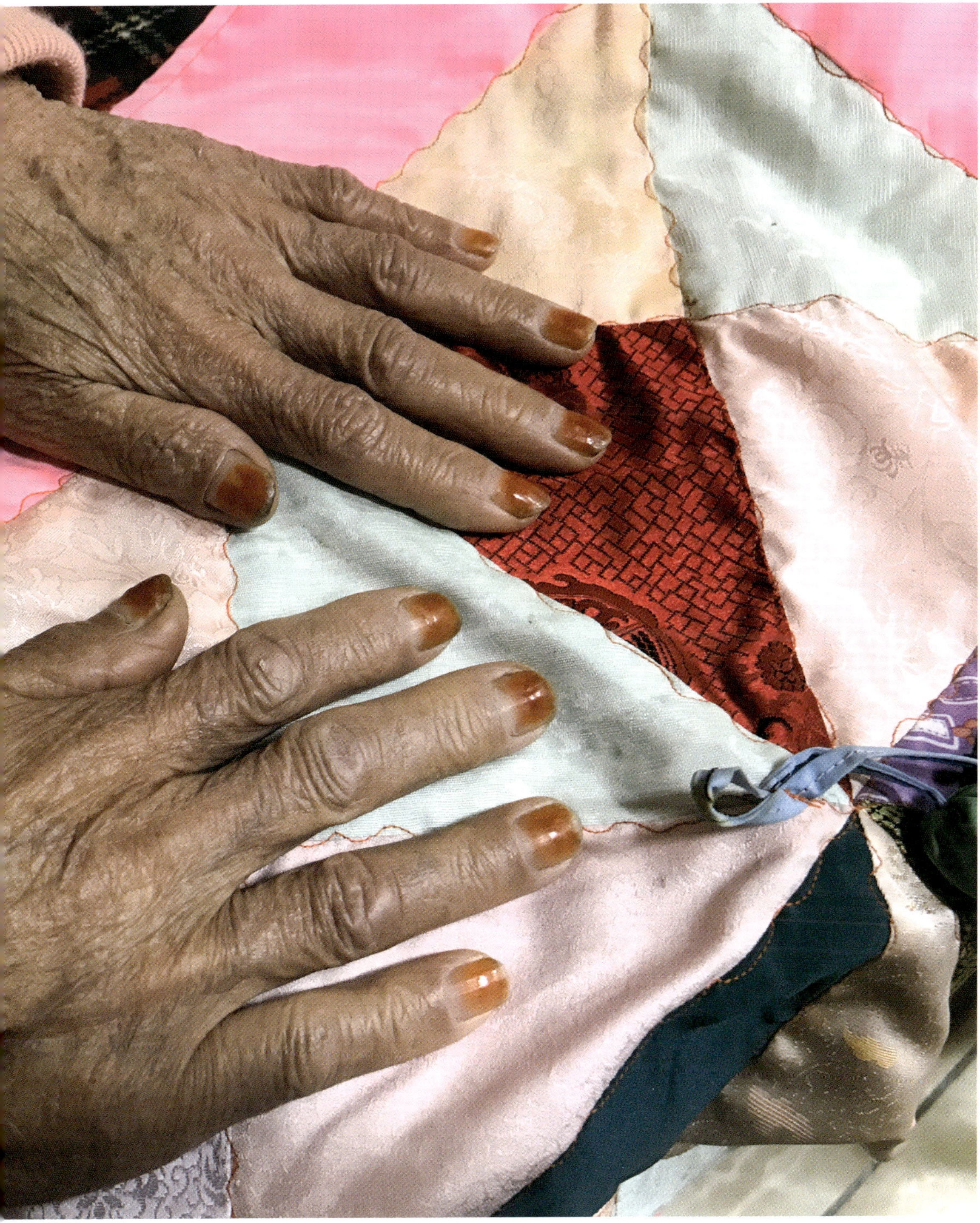

83세에 남은 밭을 파셨다.
남의 것이 됐지만 비워둔 땅에 쪽파를 심으셨다.

꽃물 들인 손에 또 흙물이 들었다.

젊은 시절, 엄마는
순천에 있는 장은 모두 다녔다.
장 짐은 무거웠고
무게를 고스란히 몸으로 받아냈다.
키가 더 작아지셨다.

엄마의 줄어든 키만큼 우리는 자랐다.

오랜 세월 함께한 두 분,
엄마와 아버지는 일하는 모습도 닮았다.

1980

짓던 논을 파셨다.
작은 아버지 결혼 준비를 위해.

아버지는 상의하지 않았고
엄마는 또 속을 상하셨다.

농생에 대한 아버지의 마음은
그만큼 애틋했다.

앨범에서 찾은
가장 젊은 엄마 모습

엄마의 젊은 모습이 낯설다.

누구에게나 빛나는 시절이 있었을 텐데
엄마의 그때는 언제였을까?

30대 후반에 날 낳으셨으니
내가 기억하는 엄마의 젊은 날은 매번 40대다.

1982

1984

엄마와 함께한 어릴적 사진을 찾았다.
부모님은 자식들 크는 거 보느라
고단한 것도 잊고 살았단다.

첫 딸 신혼여행 후, 온 가족이 밥상에 둘러앉았다.
오빠의 우스갯소리에 엄마가 크게 웃었다.
엄마 인생에서 가장 행복한 순간이었을 것이다.

1991

오빠가 대학을 갔다.
엄마는 등록금을 들고
직접 서울로 올라가셨다.

처음 가본 길이었을 텐데
답십리 자취방까지 어찌 찾아가셨을까?
지금 생각해도 엄마는 용감하셨다.

그 아들의 졸업식, 엄마가 학사모를 썼다.
당신이 졸업하신 것처럼 좋아하셨다.

사진은 색이 바래 거의 무채색이 됐지만
지금도 엄마 집에 걸려 있다.

엄마의 사랑은 바래지지 않았다.

둘째 형부는
부모님 사랑을 받지 못했단다.
그래서 사랑 많은 엄마를 좋아했다.
엄마는 한없이 퍼주는 사람이었다.

엄마를 위해 철마다
꼬막, 굴 등을 망태로 가져왔다.

형부는 53세 이른 나이에
사고로 우리 곁을 떠났다.
흥이 많았지만 아픔도 많았다.
사진 속 형부는 나이 들지 않는다.

형부가 아픈 사람이었다는 걸
돌아가신 후에야 알았다.

1985

엄마는 2남 5녀 중 둘째 딸로 태어났다.
외할아버지 외할머니,
두 분은 전염병으로 같은 해에 돌아가셨다.

아이들만 남겨지자
작은 집에서 여자 형제들을 서둘러 시집보냈다.
이모들은 매년 1박 2일로 형제계를 했다.
그날은 매번 잔칫날이었고 점점 가족이 많아졌다.

엄마가 노래를 불렀다.

오동잎 한잎두잎 떨어지는 가을밤에
그 어디서 들려오나 귀뚜라미 우는 소리
고요하게 흐르는 밤의 적막을
어이해서 너만은 싫다고 울어대나
그 마음 서러우면 가을바람 따라서
너의 마음 멀리멀리 띄워보내 주려므나 (오동잎 / 최헌)

내가 기억하는 엄마의 애창곡이다.

계모임에 가실 때면 꼭 나를 데려가셨다.
이모들은 종일 음식을 먹었고,
매번 비슷한 이야기로 밤을 새웠다.

신산 이모, 잿돔 이모, 광양 이모, 여수 이모…
우리는 이모들을 그렇게 불렀다.
2016년 3월, 잿돔 이모가 돌아가셨다.

동생을 먼저 보내고 엄마는 오랫동안 힘들어하셨다.

엄마 여행사진은 늘 인증사진이다.
동네 어르신들 얼굴은 세월이 지나도 변함이 없다.

사진만 보고도
누구네 엄마인지 금방 알 수 있겠다.

여든 살 엄마와 여행을 했다.
세 딸과 함께한 마지막 여행이 됐다.
엄마는 오래 걷지 못했고,

딸들은 엄마처럼 천천히 걸었다.

이제 기운을 다 쓰셨나 보다.
제주의 4월, 바람이 많았다.

엄마의 소풍이 끝났다.

1977년 오동도 관광은 이모들과 함께했고
2019년 오동도 여행은 손녀 가족과 함께했다.

두 분이 함께한 마지막 여행이었다.
손녀 송이의 앨범에서 두 분의 추억을 꺼냈다.

 # 손녀 송이의 이야기

거동이 불편해 함께 여행을 할 수 없었던 할아버지를
여수 가족여행에 모시고 갔다.
할아버지는 모자까지 챙겨 쓰시고 우리를 기다리고 계셨다.
할머니와 할아버지는 여행 내내 아이처럼 좋아하셨다.

여수 오동도, 전망대에 올라간 할머니는
망원경 없이도 바다 끝까지 설명해 주셨다.
내게 할머니는 마치 작은 거인 같았다.

손녀 송이의 이야기

거실 탁자 한 켠에 파란 상자가 하나 있었다.
'국가유공자의 집' 문패다.
아무도 달아주지 않았다.

위치를 바로잡아
잘 보이는 곳에 달아드렸다.
우리는 알지 못하는
자랑스럽지만 아팠을 할아버지의 기억.

사진 속 내 딸 율이는 알까?
훗날 이 일상이 살아가는 힘이 된다는 것을…

시간이 지나면 평범한 일상도 추억이 된다.

집을 새로 지으며 정원을 만들었다.
엄마는 예초기를 메고 잔디를 직접 정리하셨다.
매년 꽃의 가짓수가 늘었고 풍성해졌다.

엄마의 정원에 색색별로 함박꽃이 피었다.

나는 아버지를 많이 닮았다.
굳이 내게서 엄마를 찾자면
까만 피부와 살결이다.
어릴 땐 그것이 싫었다.

딸의 살색도 나를 닮았다.
예전의 나처럼 싫어한다.

유전은 의지와 상관없다.

2019년 가을
영정사진을 찍어 달라고 하셨다.

옥빛 치마저고리를 챙겨 입으신다.
치마폭이 뒤로 돌아 돌아 앞으로 나올 모양새다.

어느새 엄마는 종이인형처럼 얇아지셨다.

검버섯 위에 화장을 하고 입술도 바르셨다.
여러 장을 찍었지만 맘에 들지 않는다.
내 마음을 아셨는지 한 말씀 거드신다.

"좀 젊을 때 찍어주지…"

들어가는 엄마 뒷모습과
넘어가는 노을빛이 겹쳐졌다.
서로 쓸쓸하다.

오래된 창문을
이중 새시로 바꾸고
에어컨도 새로 들였다.

빈 집에 보일러만 혼자 돌아간다.

SAMSUNG

떠나는 시간이 언제이건
엄마는 매번 저 자리에 서 나를 불렀다.

"내 사람아~"

우린 늘 엄마 사람이었다.

대문 앞이 비었다.
아무도 마중하지 않는다.

엄마가 마지막 화장을 하셨다.
입관식,
엄마는 화장을 하고 삼베옷을 입고 노랗게 누워계셨다.
가지런히 모은 두 손과 발, 굳게 다문 입술이 유난히 붉다.

"엄마, 안녕…"

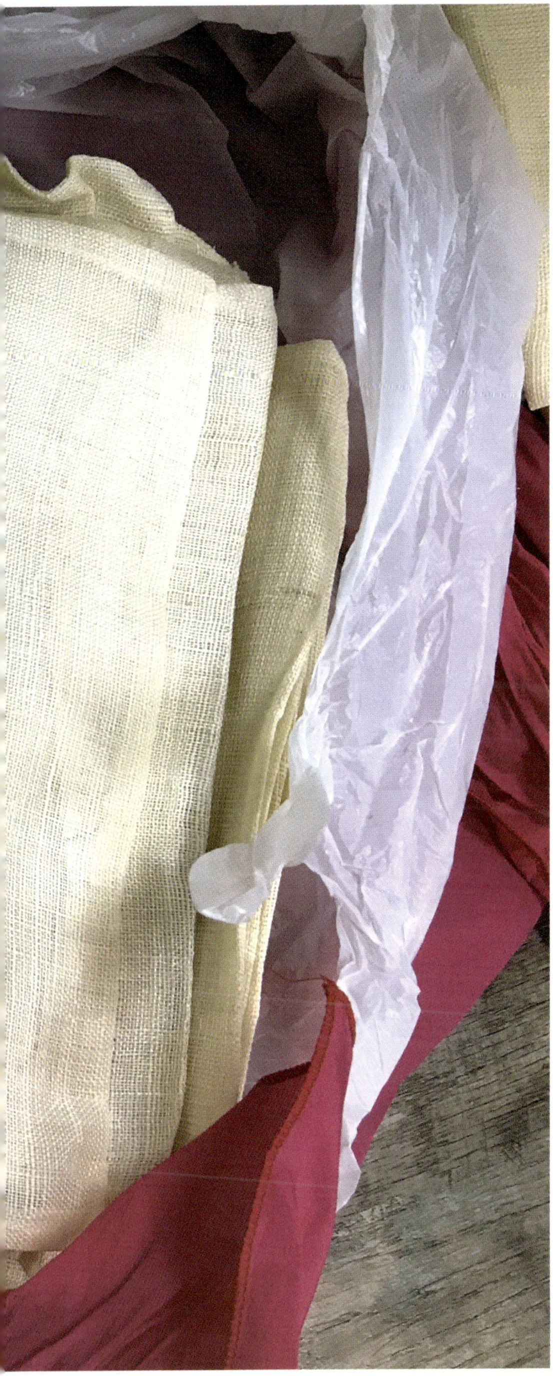

엄마는 일찍부터
삼베옷을 준비해 두셨다.
분홍 보자기와 파랑 보자기.

엄마를 입히기 위해 분홍 보자기를 펼쳤다.
파랑 보자기는 아버지를 위한 것이다.

아버지의 시간은 얼마나 남았을까?

엄마는 돌아가시기 전
서둘러 정원을 정리하셨다.
엄마의 옷가지들을 그 정원에서 태웠다.

체구가 작아 옷을 까다롭게 고르셨다.
옷맵시가 좋은 사람이었다.

2019년 사드린 핑크색 점퍼는
마지막 어버이날 선물이 됐다.

엄마의 옷을 태웠던
정원은 작년 그대로다.

해가 넘어간다.
동백나무 그림자가 길다.

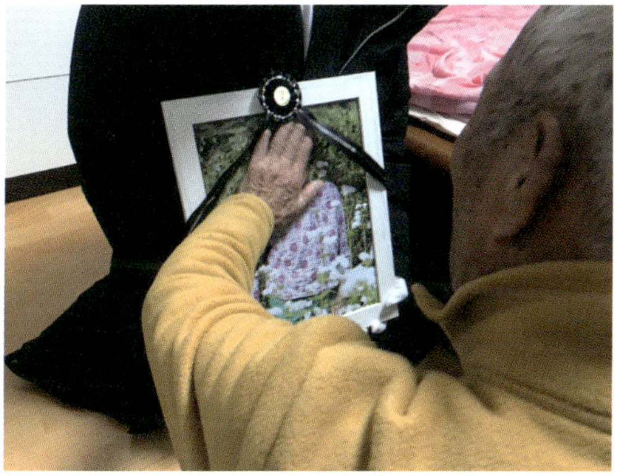

아버지는
엄마의 발을 자주 만지셨다.
작고, 이쁘다며…

사라진다는 것은
더 이상 만질 수 없다는 것이다.
손을 뻗어 엄마를 만진다.
느껴지지 않는다.

죽음은 차갑다.

홀로

남겨지는 일

아버지는 자주 저 의자에 앉으신다.
엄마 꽃 함박꽃,
꽃도 보고 엄마도 보고…

89세 아버지는 병원에서 돌아오지 않는
아내에게 연서를 남겼다.

"미안하고 감사합니다. 사랑했습니다.
당신은 이해가 넓으며 고마운 분입니다."

이별은 감당하기 어려운 일이다.
아내와 엄마의 흔적을 정리해 드리고
늙은 아버지를 두고 오는 마음이 아프다.

아버지의 뜰에 겨울이 왔다.
함박꽃은 색만 바꿔 자리를 지키고 있다.
내년 봄, 엄마 꽃을 다시 볼 수 있을까?

의자도 저 자리에서 주인을 기다린다.

1948년 10월, 여순항쟁이 일어났다.
순천시 도롱(道弄)마을에서만
17-19세 청년들이 40명 이상 죽었다.
그런 세상을 살아냈을 아버지가 아프다.
지금은 당신만의 세계에 산다.

보청기도 싫다며 귀를 닫으셨다.

여순항쟁 당시
큰아버지는 재판 없이 총살당하셨다.
그의 나이 열아홉, 아버지는 열일곱.

큰아들의 허무한 죽음과
고문을 견디지 못해
할아버지는 돌아가셨다.
아버지는 그렇게 맏이가 되었다.

자식들은 당신의 슬픔을
온전히 이해하지 못한다.

김인환, 국가유공자의 집
아버지는 6·25 참전용사다.
강원도 철원 백마고지에서 싸우셨다.

결혼식 다음날, 엄마만 두고 군대에 가셨다.
그렇게 떠난 뒤 5년 만에 돌아오셨고
제대 후, 드디어 첫 딸을 낳았다.

아버지는 참전용사 조끼를 훈장처럼 걸어두신다.

HD 현대휘장
HYUNDAI INSIGNIA
6.25참전 전우기념사업회
6.25 참전

제대증(앞)

단기 4264년(1931년) 1월 20일생

계급 이중

군번 8802538

성명 김인환

제대구분 만기

(뒤)

왼(왼)편모지문 / 오른편모지문

본적지

현주소

병사구 전남 병사구사령부

등록 NO. 13572

등록일 4289년(1956년) 3월 9일

위와 같이 등록하였음을 증명함

단기 4289년(1956년) 3월 9일

전남지구병사구 사령부관

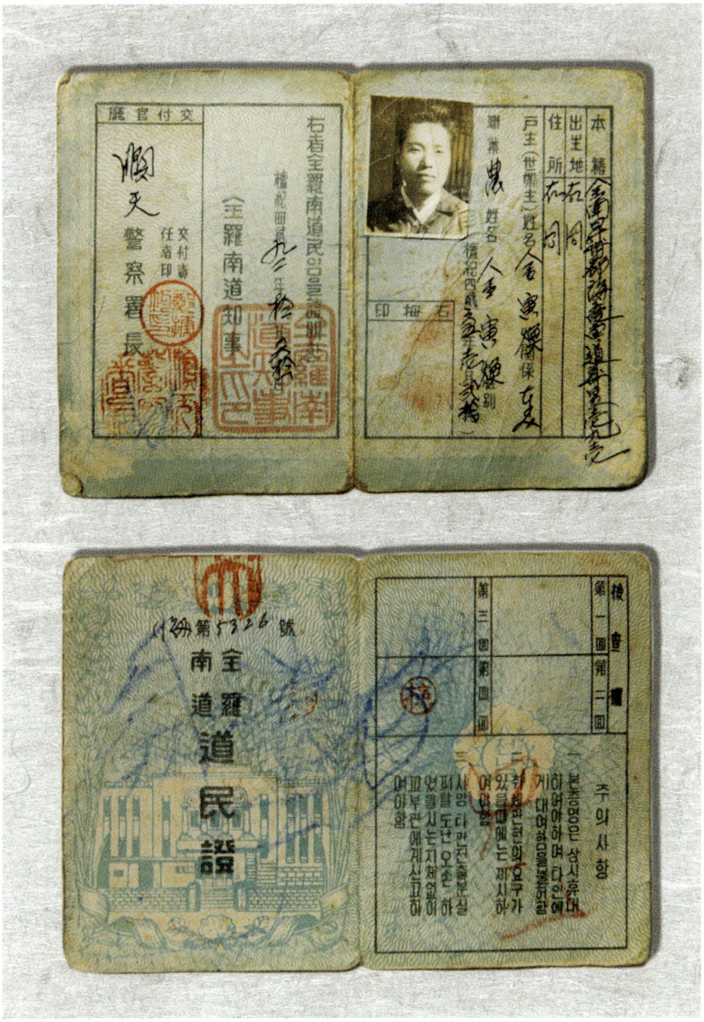

아버지가 간직해 온
제대증과 통행증(도민증)이다.
제대증에 붙었던 사진은
이제 형체가 없어지고 있다.

흑백사진 속 아버지는 청년이다.

아버지의 양쪽 엄지 지문이
제대증에 아직 희미하게 남아 있다.

젊은 엄마 옆에 젊은 아버지가 있다.
마치 동화 속 한 장면처럼 멈춰 있다.

내가 존재하지 않았던 시간이다.

1997

엄마 형제들은 더 이상 계모임을 하지 않는다.
세월이 지나니 한분씩 돌아가셨다.

신산 이모, 잿돔 이모, 내 엄마까지…

할머니는 최고의 이야기꾼이셨다.
밤마다 옛날이야기를 들려주셨다.

여순항쟁 때 동네 사람들은 할머니 집에 불을 질렀다.
큰아버지는 남로당 도롱지부 소속이었다.
할머니는 아들 둘을 데리고 산속으로 들어가
3개월을 숨어 지냈다.

죽은 아들 시신은 찾지 못했다.
죽은 이들이 함께 매장된 들판만 기억하고 있었다.
자식을 가슴에 묻고 어찌 사셨을까?
그 한을 엄마에게 푸셨을까?
유독 엄마에게 모질게 하셨다.

우리 집에서 여순항쟁은 금기어였다.

할머니가 돌아가셨다.
멀리서 연락을 받았고
내가 도착한 지 20분 만에 눈을 감으셨다.

할머니는 내가 신겨드린 버선을 신고
당신 큰아들이 묻혔을 들판 어디쯤을 지나
교회 마당에서 멈췄다.

사진에 엄마만 보이지 않는다.
'미안했다' 그 한마디를 기대하셨단다.
아무 말 없이 떠난 할머니를 잠시 원망하셨다.

1990

1991년 아버지 회갑,
멀리 고인이 된 잿돔 이모가 있다.
돌아가신 고모님 뒷모습도 거울에 보인다.

행사 전, 손주들이 폭죽을 먼저 터트렸다.
웃고 있던 손주들은 모두 가정을 꾸렸다.

기독교인이셨던 아버지는
할머니의 죽음 앞에서도 울지 않았다.
천국을 믿기 때문에 슬프지 않단다.

회갑날, 돌아가신 할머니 생각에 마침내 눈물 흘리셨다.
당신과 당신 어머니의 인생이 아프셨나보다.
엄마는 울지 않으셨다.

1991

아버지는 내게 가족사진에 대한 바람을 자주 밝히셨다.

육 남매 중 막내인 내가 결혼하자
그때부터 아버지는 가족사진을 찍고 싶어 하셨다.
서울, 광주, 벌교, 순천, 가끔은 외국…
사는 곳이 제각각이라 함께 모여 사진 찍기가 쉽지 않았다.
1991년 아버지 회갑기념 사진 이후로 몇 번의 기회가 있었지만
우리는 여전히 가족사진이 없다.

2019

어쩌면 이 사진 한 장이
나로 하여금 서둘러 책을 쓰게 했는지 모른다.

엄마를 추모공원에 모시고 나서야
겨우 이 사진 한 장을 남길 수 있었다.
엄마와 정작 가족사진을 원하던 아버지 당신은 없다.

사진이 내게 말을 걸었다.
지금 소중한 것이 무엇인가?

커튼도 빨래 건조대도
엄마 손길이 끊겼다.

엄마는 낡은 커튼을
늘 깨끗이 빨아 걸어 두셨다.
거실 풍경은 변한 게 거의 없다.

창밖엔 이미 봄이 왔지만 … 봄이 아니다.
거실 안은 여전히 겨울이다.

엄마 꿈을 꾸셨단다.
꿈속에서 본 엄마는
키도 크고, 더 이뻐지셨단다.
"내가 장가는 잘 갔어."

노란 베개를 베고 누우신 아버지,
뒷모습에 단풍잎이 피었다.

밭일 후 아버지는 자주 막걸리를 드셨다.
속이 든든해서 좋단다.

엄마는 아버지가 홀로 남겨지는 걸 걱정하셨다.
당신은 걱정 없다며
백 살까지 살 수 있다 허허 웃으셨다.

지금 아버지는 아흔 한살이다.

2015

평생 일구시던 밭을 팔아버리셨다.
눈 뜨면 숙명처럼 일하던 곳

엄마 돌아가시고
더 이상 일을 하지 않으신다.

엄마 살아계실 때 아버지는
면도를 잘하지 않았고 수염도 덥수룩했다.

2020

엄마가 화초를 정리하셨다.
동백꽃이, 선인장이 사라졌다.
오래된 대추나무도 베어 버렸다.

함박꽃만은 남겨놓으셨다.
엄마 진 자리에 함박꽃이 피었다.

아버지가 웃으셨다.
눈이 미처 따라 웃지 못한다.

아버지는 많이 약해지셨다.
목소리도 작아지고
침대에 걸터앉아 있는 시간도 길어졌다.

직선이던 어깨가 곡선이 됐다.

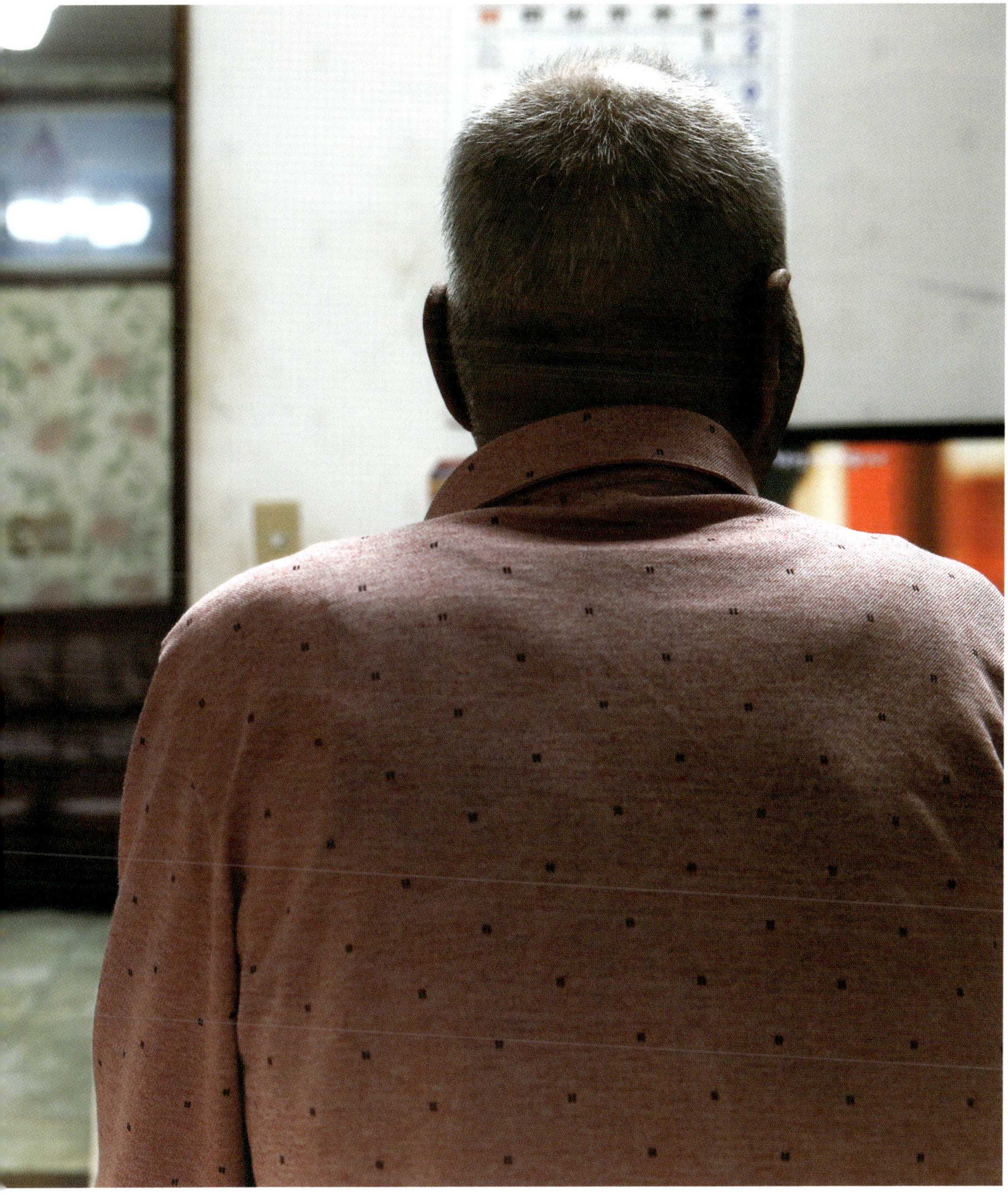

엄마가 떠난 부엌이 조용하다.
부엌에 불 켤 일이 거의 없다.

아버지는 주간보호센터에서
점심과 저녁을 드신다.
자식들 번거롭게 만들기 싫다며 아침을 거르신다.
당신을 길들이면 된단다.

창으로 들어오는 아침 빛이 무심하다.

엄마 없는 집에 타인처럼 누워 있다.
온도가 다르다.
익숙한 풍경인데 새삼 겁이 난다.

주인 없는 집에 머무는 손님처럼
불안감이 찾아왔다.

여기는, 엄마 없는 엄마 집이다.

엄마 옷을 태우던 날,
아버지는 엄마 옷 몇 벌을 남겨 달라 하셨다.
엄마가 즐겨 입던 핑크색 꽃무늬 셔츠를 남겨 드렸다.
벽은 갈라지고 벽지가 내려앉는다.

집 곳곳에 틈이 생겼다.
엄마가 없다는 걸 집도 눈치챘나 보다.

남자가 혼자 살 때 필수품이 있다.
컵라면, 소주, 김, 요기될만한 차, 일회용 커피 등.
엄마의 조각보는 오늘도 저 자리다.

소주와 율무차 모델들이 다정하게 웃는다.

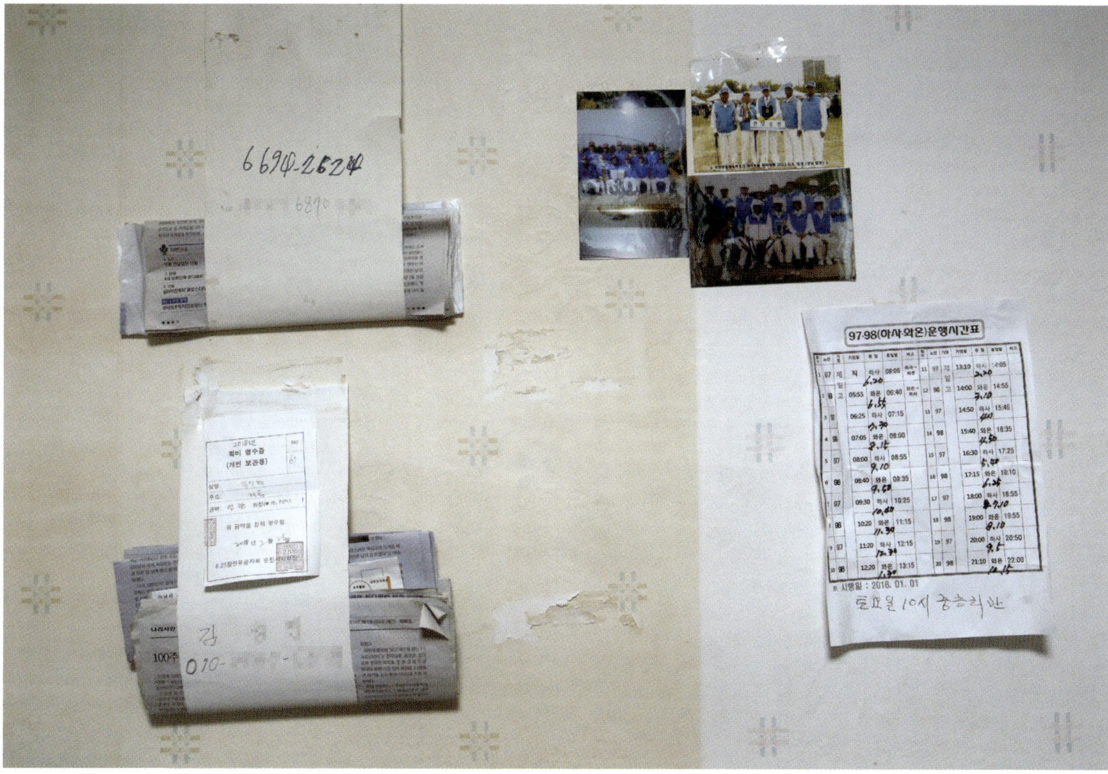

몇 해 전 아버지가 밖에서 쓰러지셨다.
지나가던 이가 발견해 위기를 넘겼다.
아버지 품 속에서 육남매 전화번호가 나왔다.

버스 탈 일 없는데 운행 시간표가 붙어 있다.
2018년 6·25 참전용사 회비 영수증도 보인다.

아버지의 시간은 2018년에서 멈췄다.

현관에 아버지 신발이 놓여 있다.
지팡이 하나, 신발 한 켤레.
엄마 살아계실 땐
현관에 발 디딜 틈 없이 신발이 쌓였다.

그러고 보면 엄마는 힘이 센 사람이다.
자식을 불러 모으는 힘이 있었다.

자서서

사랑했는 부인에게 평생을 두고 잘못된 자서서를 올립니다
용서를 바랍니다 나는 천치 바보였습니다 사랑하는 부인에게 아무 멋없이
살아왔습니다 84세 넘어서야 인생사를 알게 되어서 사랑하는 부인에게 모든 것이 부족
한 남편의 뜻을 올립니다 이 못난 바보 천치는 그 라지 평로 없었지만 가족의 증명 로
받이 못한 나에 의 심정을 세워 주지 못하여 이 한 기회에 반성가 합니다 약한 몸
에 비난한 가정에 평신 동반자 문의 성대에 붙이 자식가 사고 없는 목수 공방에 씨 [illegible]
는 남편에게 가진 고통을 받어 왔든 사랑 하는 부인에게 감사 [illegible] 울 드립니다 불쌍이 여기
시고 받아 주옵소서 가정의 효도와 충실함을 전하게 잘 못했든 여러 식솔을 용서하시
고 [illegible] 사랑하는 아내에게 감사 [illegible] 가족들의 [illegible] 수고했음을
니다 감사합니다 사랑했습니다 [illegible] 이해가 [illegible] 고맙습니다

6월 15일 나는 목욕을 갔다
[illegible] 목욕대 4천 오백
그 반 2천 원에 파랐다 한다
나는 몇 번 약 그저 15,000원
내사고 뒤다 가리 56,000원에
사 왔다 케이트 장에서 [illegible]
안주에 술은 [illegible] 먹고 와서
집에 오니 [illegible] 반면 [illegible] 순수를 [illegible]
얼마나 취한지 정신 없어
무리누어 잠을 자버렸다
깨어 일어나서 보니 잘 [illegible] 나는
나 [illegible] 고 오늘 [illegible] 정리하고 [illegible]
장에 기록해 놓는다

2018년 12월 18일 1생일
봉사들에게 안마를 받는 음
남자들 2분과 여자 1분 와서
안마를 해 주었다 전원이
봉사분들이 였다 11월 18일
월요일 일기
11월 21일 화요일 비가 약간 오
후리 생명이 [illegible] 다 얼마 가거에
정숙이 와서 시 [illegible] 해 놓으면
계속
오늘 내가 고 하는 데 어제와서
[illegible] 정숙이 오지도 않고서 [illegible]
그대로 있다 제가 [illegible]
잘 들리지 않는다

–〈자서서와 아버지의 일기〉

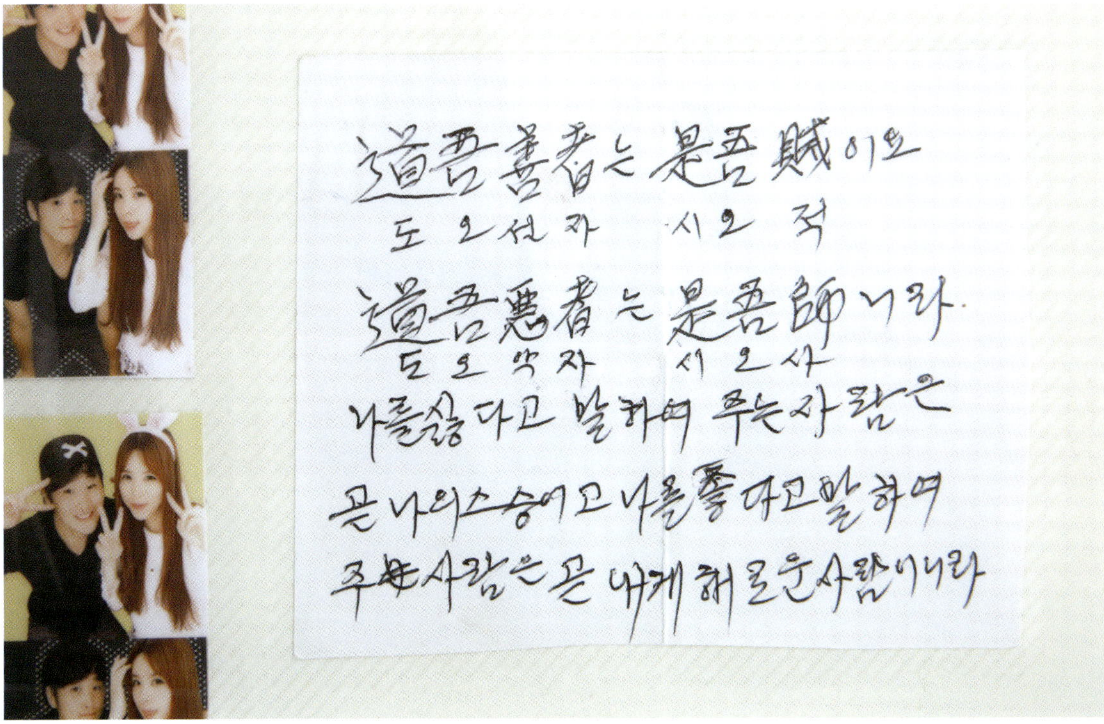
道吾善者는 是吾賊이오
도 오 선 자 시 오 적
道吾惡者는 是吾師니라.
도 오 악 자 시 오 사
나를싫다고 말하여 주는사람은
곧 나의스승이고 나를좋다고말하여
주는사람은 곧 내게 해로운사람이니라

손녀 송이의 이야기

아이를 낳고 처음 찾아간 할아버지 집.
할아버지께 용돈을 드렸다.
셔츠 주머니에서 고이 접은 손 편지를 꺼내 주셨다.

"살면서 힘들 때 펴 보거라"

편지를 읽고 펑펑 울었다.
할아버지는 내가 힘든 걸 어떻게 아셨을까?

편지 덕분일까, 그 당시 나를 힘들게 했던 이들은
지금 내 옆에 소중한 사람들이 돼 있다.
할아버지의 편지는 가족사진과 함께 내 앨범 속에 있다.

\# 손녀 송이의 이야기_아쉬움

할머니 집에는 '찬장 방'이 있다.
그 방에는 항상 곡식과 꽃그릇이 가득했다.
붉은팥, 연두색 녹두, 하얀색 참깨, 검은 들깨…
농사를 놓자 곡식이 줄어들었고, 그릇도 쓰임을 다했다.

그릇을 정리하고도
찬장 맨 위 칸에 놓여 있던 꽃무늬 삼단 찬합.
할머니가 차마 버리지 못한 삶에 대한 아쉬움이었나 보다.

손녀 송이의 이야기_그리움

작년 겨울, 이모네 옆으로 이사를 했다.
할머니는 좁은 집에 사는 손녀를 마음에 걸려하셨다.
넓은 집으로 이사했지만 할머니를 모시지 못했다.

거실 잘 보이는 곳에 찬합을 놓았다.
한 칸에는 할머니의 아쉬움을,
다른 칸에는 손녀의 그리움을 눌러 담았다.

우리 집 찬장 꽃그릇 사이에서
할머니의 찬합이 웃고 있다.

창고는 기능을 잃었다.
두 분이 앉아 채소를 다듬던 곳이
잡동사니로 쌓여 있다.
아버지의 시간이 끝나면
우린 또 마당을 정리해야 한다.

두 분이 함께한 시간이 창고와 함께 봉인됐다.

지난 여름 태풍에 창고 유리는 깨졌고
마당 여기저기 낙엽이 쌓였다.

농기구가 대문에 장난감처럼 걸려 있다.
땅을 갈던 관리기도 손발이 묶였다.

이웃에게 관리기를 보냈다.
마당이 넓어졌다.
아버지에게 큰 의미가 없다.

창고 안에서 마당을 본다.
부모님의 시선이 자주 머물던 곳,

찾아오는 자식을 가장 먼저 볼 수 있는 그곳, 마당.

오늘은 집에 온기가 돈다. 큰 딸이 왔다.

부엌과 거실이 부산해지고, 건조대에 빨래가 널린다.
엄마의 아픈 손가락, 큰 딸 경숙.
이런 딸 있으면 안심하고 늙어갈 수 있겠다.

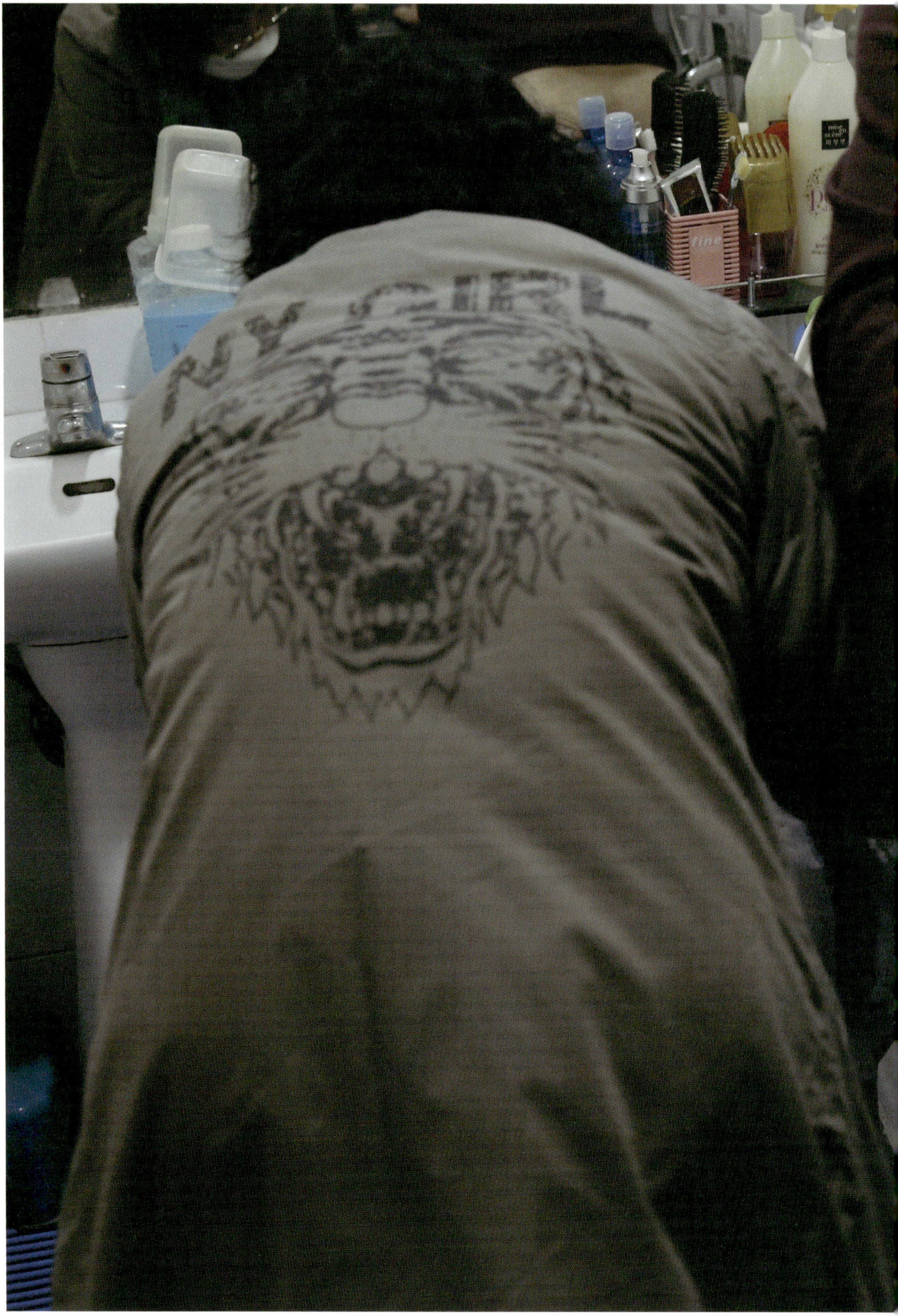
fine

아버지는 다리가 불편하다.
그래서 자주 뒤처리에 실수를 한다.
속옷 이곳저곳에 변이 말라붙어 있다.
그런 아버지는 큰 딸 앞에서 아이가 된다.
그녀는 익숙한 손놀림으로 아버지의 몸을 꼼꼼히 씻긴다.

아버지 벗은 몸을 처음 봤다.
맏딸은 무게가 다르게 태어나는 것 같다.

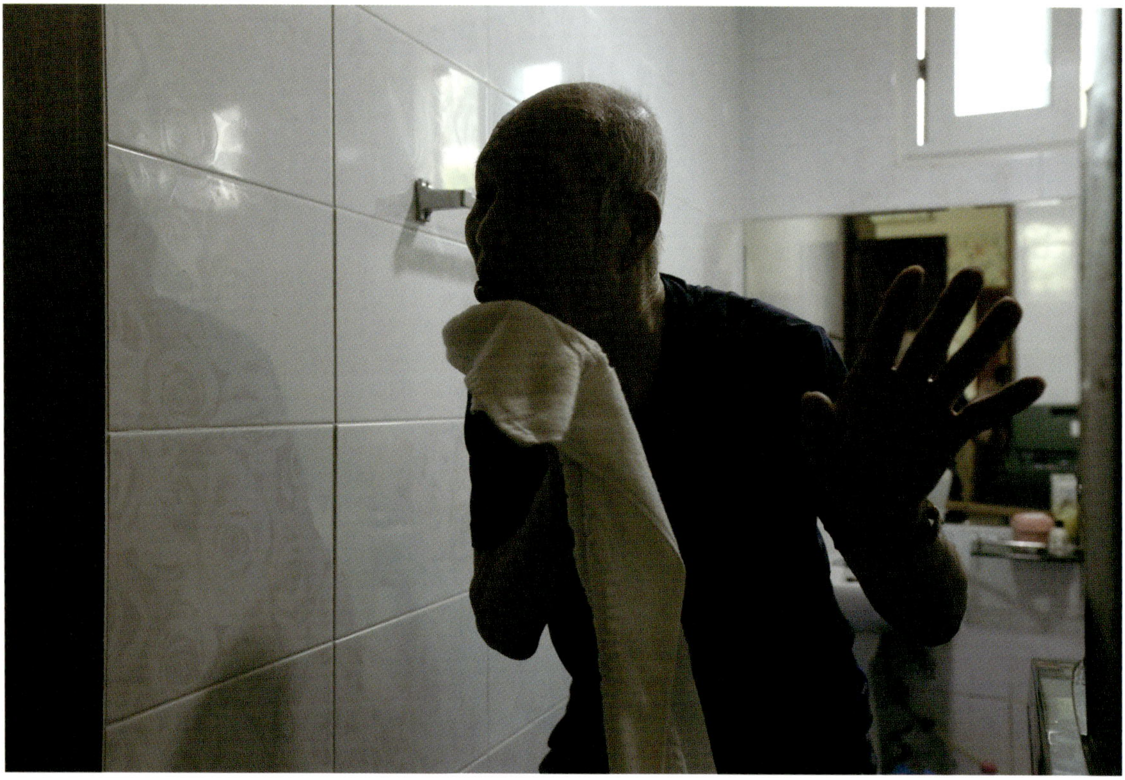

90세 아버지를 지켜보기란 쉽지 않다.
먹는 것, 씻는 것, 걷는 것, 어느 것 하나 쉬운 게 없다.
손 내밀어 잡고 싶지만 참는다.

혼자 적응하셔야 된다.

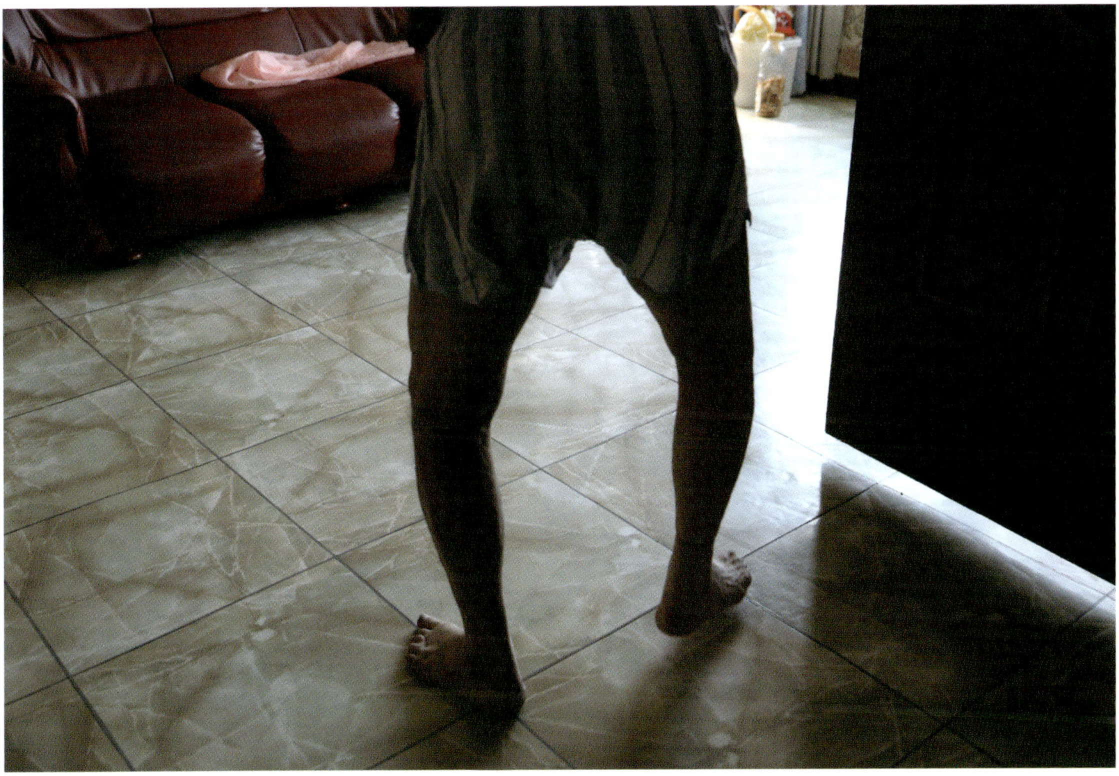

아버지가 걷는다.
아이처럼 아장아장…

불편한 다리 때문에 변기에 앉기가 힘들다.
어정쩡한 자세로 볼 일을 보니
변기 뒤에 이물질이 튄다.
아버지는 볼일 후, 뒤돌아보지 않고 직진만 한다.

아버지는 거짓말쟁이다.
일을 하지 않으니 배도 고프지 않다 하시며 …
쌀국수 한 그릇을 거뜬히 비웠다.

일주일에 두 번씩 면도를 해드린다.
수염도 머리도 빨리 자란다.
면도하는 딸을 위해 얼굴을 내민다.

당신을 온전히 맡긴다.

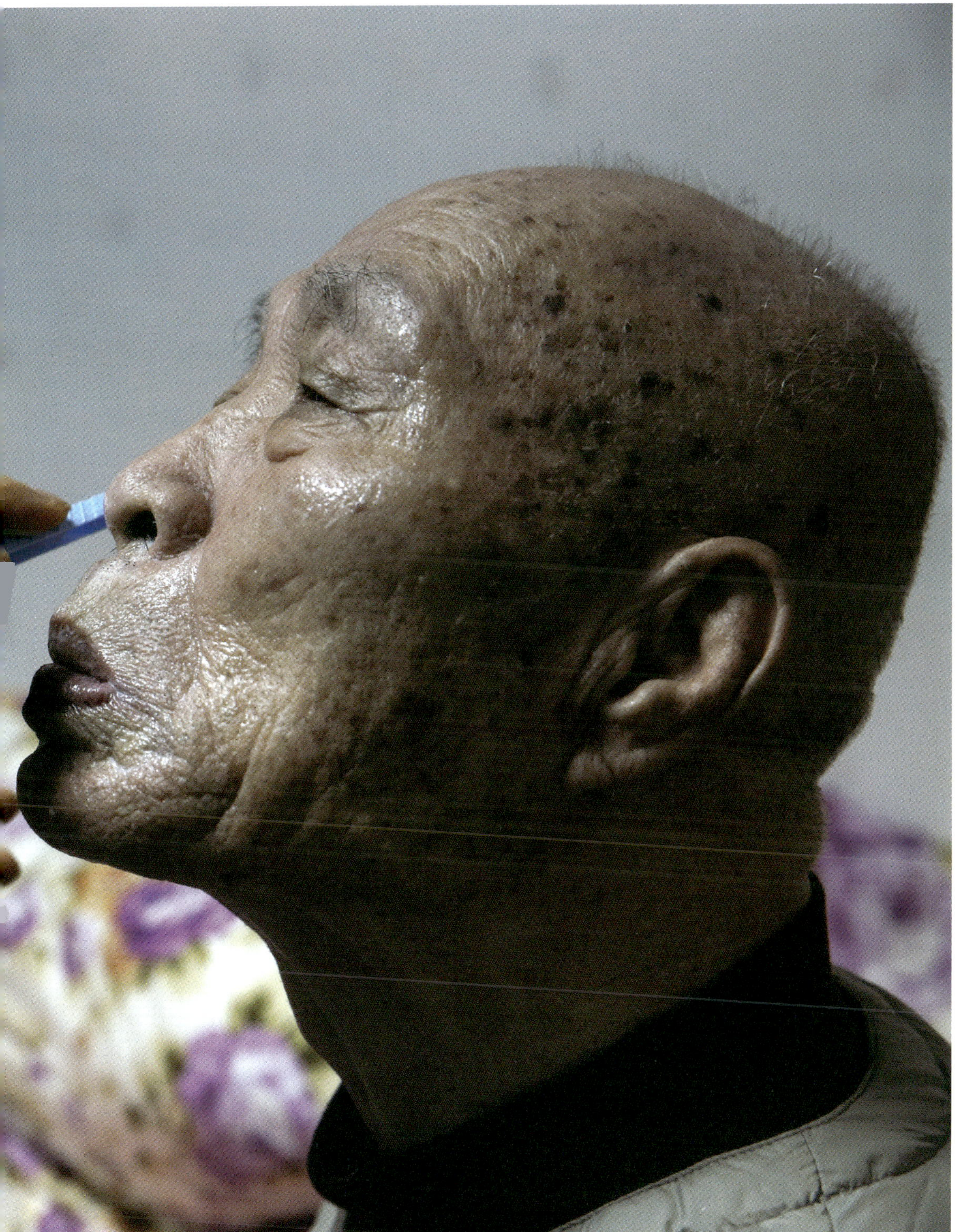

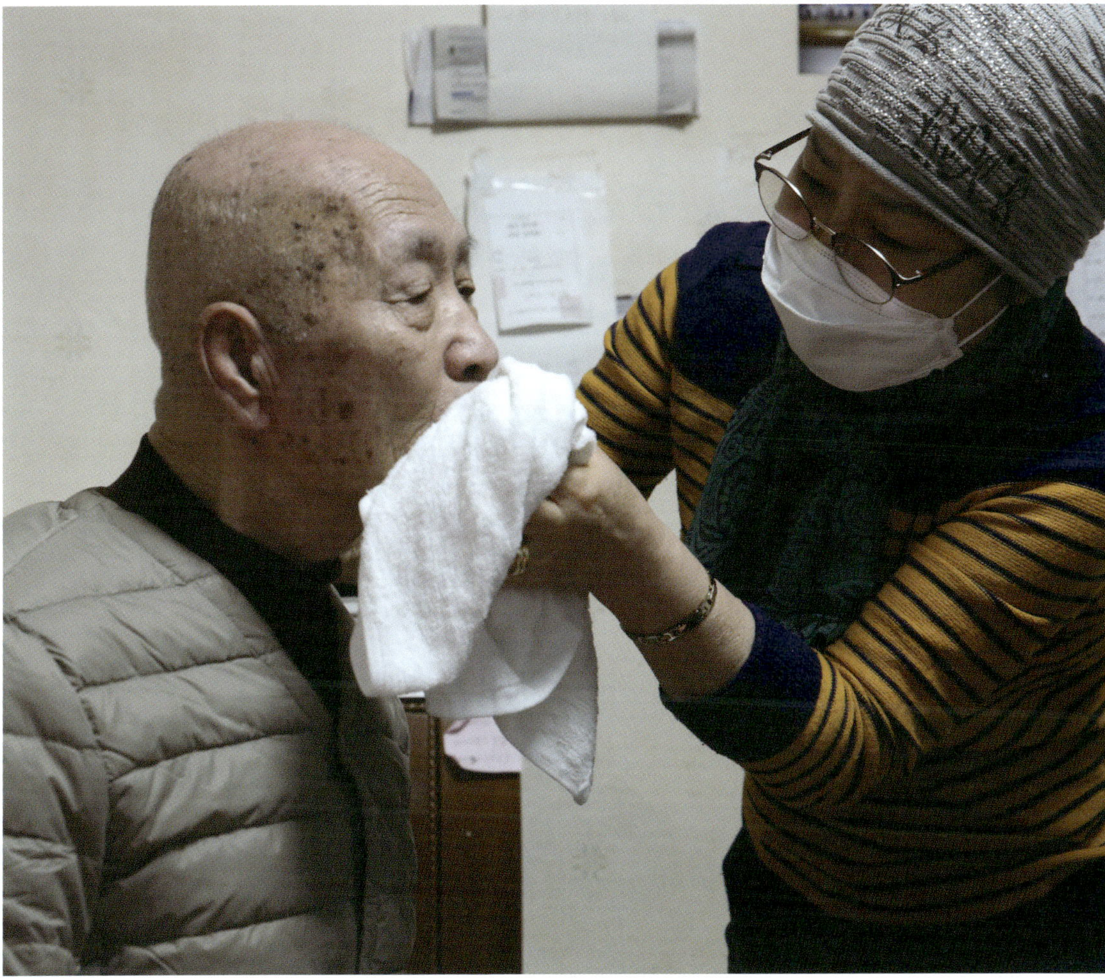

평소 정정하다가도
자식들만 오면 아이가 된다.

마치 아버지 머릿속에 스위치가 있는 것 같다.
아홉 살과 아흔 살을 오간다.

아버지는 평소 신문을 보고, 생각도 여전하다.
운명은 억지로 할 수 없는 일이란다.
지금 죽어도 여한이 없단다.
그 거짓말이 사실이면 좋겠다.

Re:NK

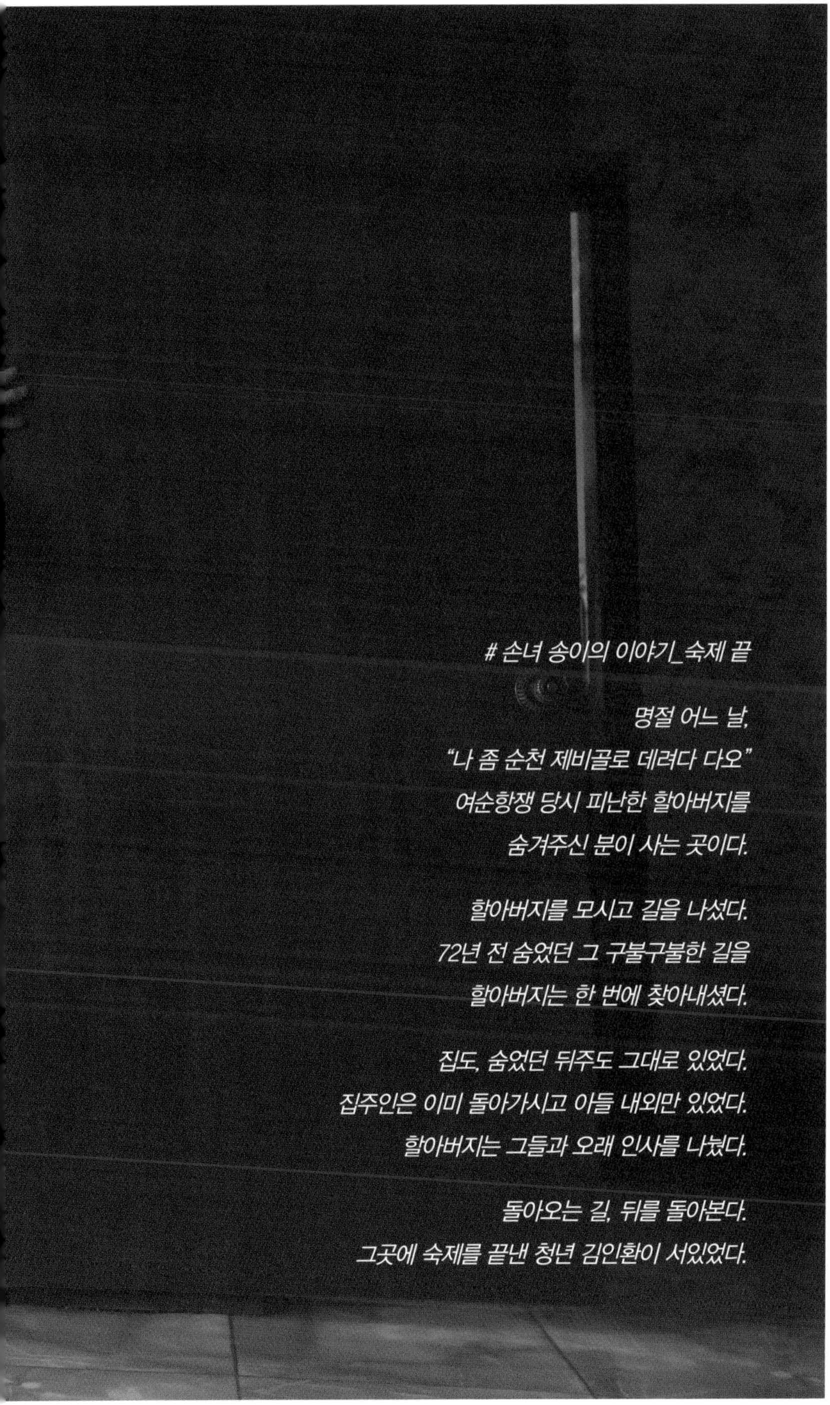

손녀 송이의 이야기_숙제 끝

명절 어느 날,
"나 좀 순천 제비골로 데려다 다오"
여순항쟁 당시 피난한 할아버지를
숨겨주신 분이 사는 곳이다.

할아버지를 모시고 길을 나섰다.
72년 전 숨었던 그 구불구불한 길을
할아버지는 한 번에 찾아내셨다.

집도, 숨었던 뒤주도 그대로 있었다.
집주인은 이미 돌아가시고 아들 내외만 있었다.
할아버지는 그들과 오래 인사를 나눴다.

돌아오는 길, 뒤를 돌아본다.
그곳에 숙제를 끝낸 청년 김인환이 서있었다.

엄마 돌아가시고 첫 생신이다.
의견이 분분했지만 코로나로 무색해졌다.
맏딸이 집에서 음식을 준비해 왔다.
아버지, 언니, 형부 그리고 나, 넷이 모여 아침을 먹었다.
엄마 없는 첫 생신, 내년에도 함께할 수 있을까?

아버지는 미역국을 다 드셨다.
잘 드시니 기쁘고, 오래간만이라 슬프다.

이 눈을 본 적이 있다.
오래전이다.
어린이집에 가기 싫다며
눈으로 말하던 내 아이.

아버지는 그 시절 내 아이처럼 말한다.

오늘은 생일인데
아버지는 또 주간보호센터로 간다.

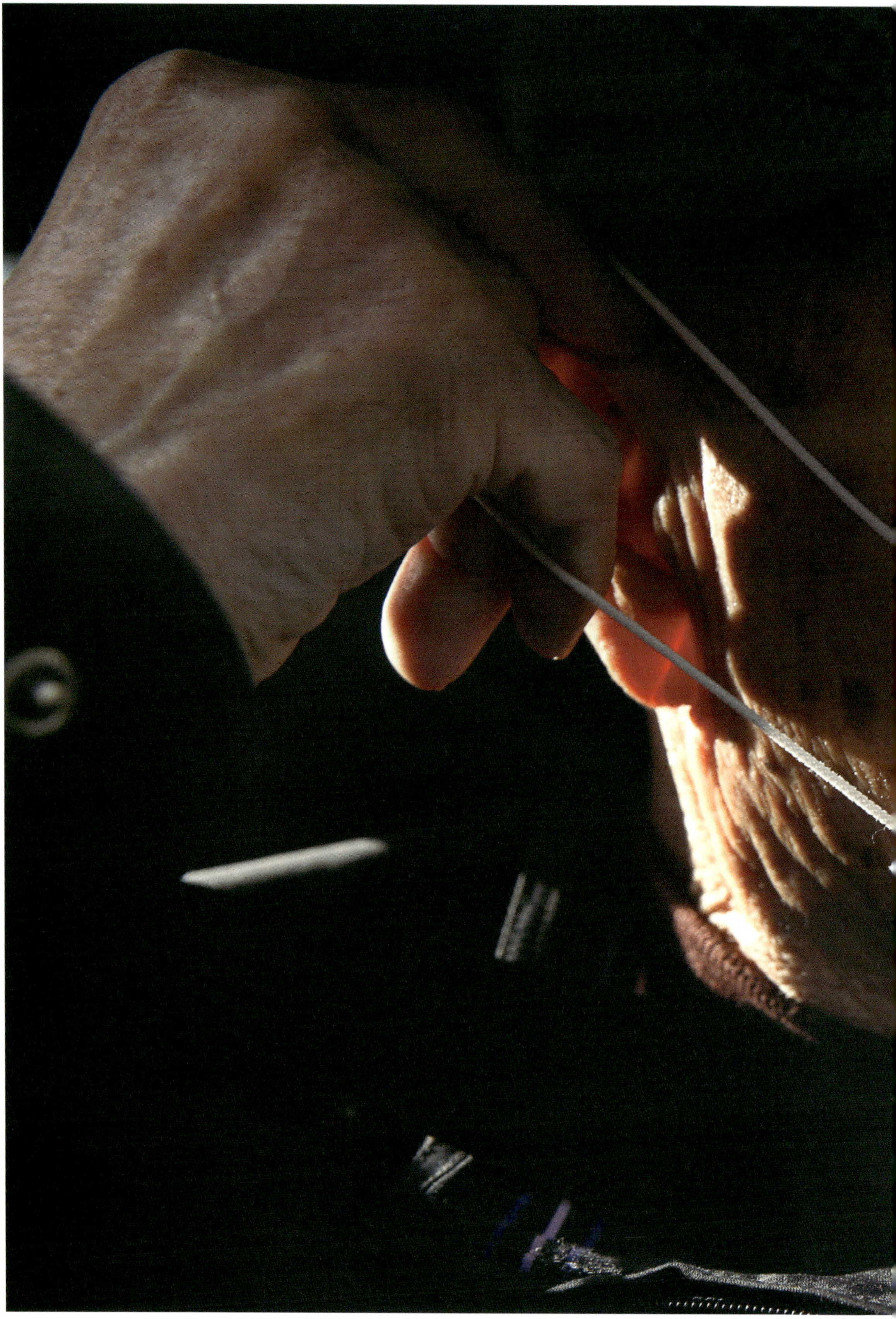

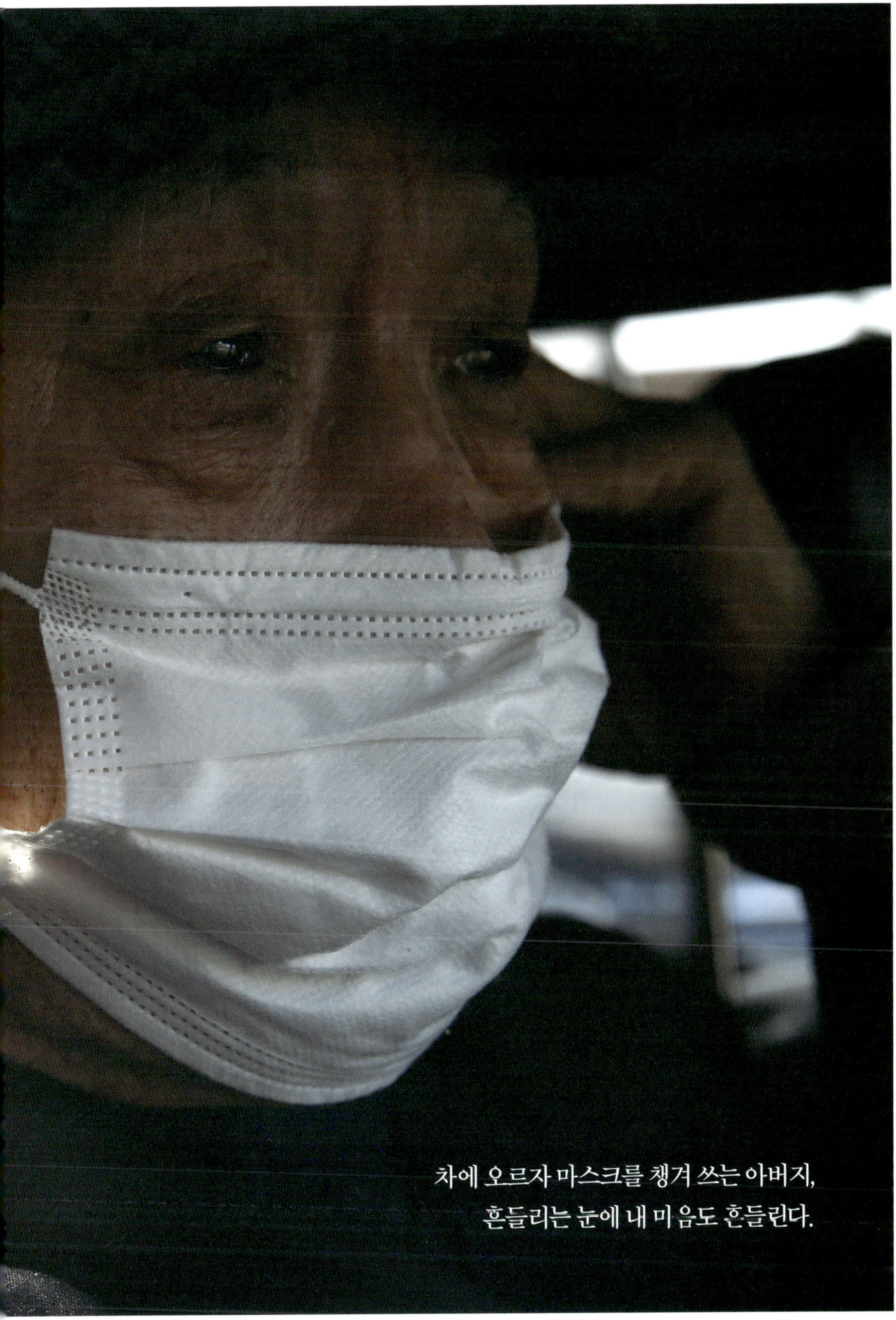

차에 오르자 마스크를 챙겨 쓰는 아버지,
흔들리는 눈에 내 마음도 흔들린다.

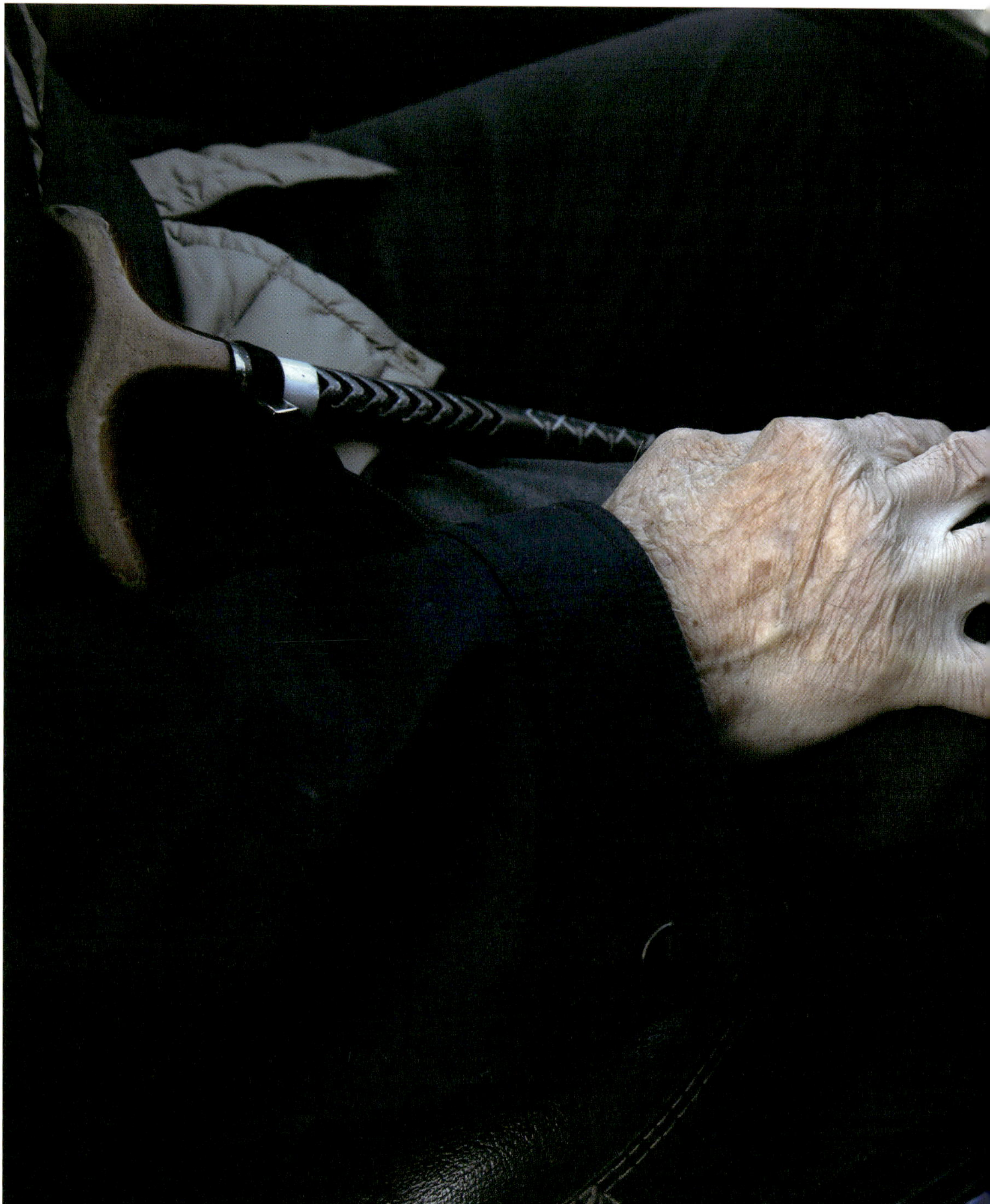

목반 집하장

오전 9시 30분, 아버지를 태운 차가 멀어졌다.
빈 집이 혼자 남아 아버지를 기다린다.

사랑을 잃고 나는 쓰네

……

장님처럼 나 이제 더듬거리며 문을 잠그네
가엾은 내 사랑 빈집에 갇혔네

<기형도 빈 집 中>

구니 작목반 집하장

오후 5시, 시간이 더디 간다.
어둡기 전에 아버지가 돌아오시면 좋겠다.

불 꺼진 집 거실에 불이 켜졌다.
아버지 걸음이 빨라졌다.

오늘은 자식들이 아버지를 기다린다.

마음이 바쁘다.
자식이 그리우셨나 보다.

SAMSUNG

함박꽃 꽃말은 수줍음, 부끄러움이다.

엄마 꽃 함박꽃이
아버지 이불에 옮겨 피었다.

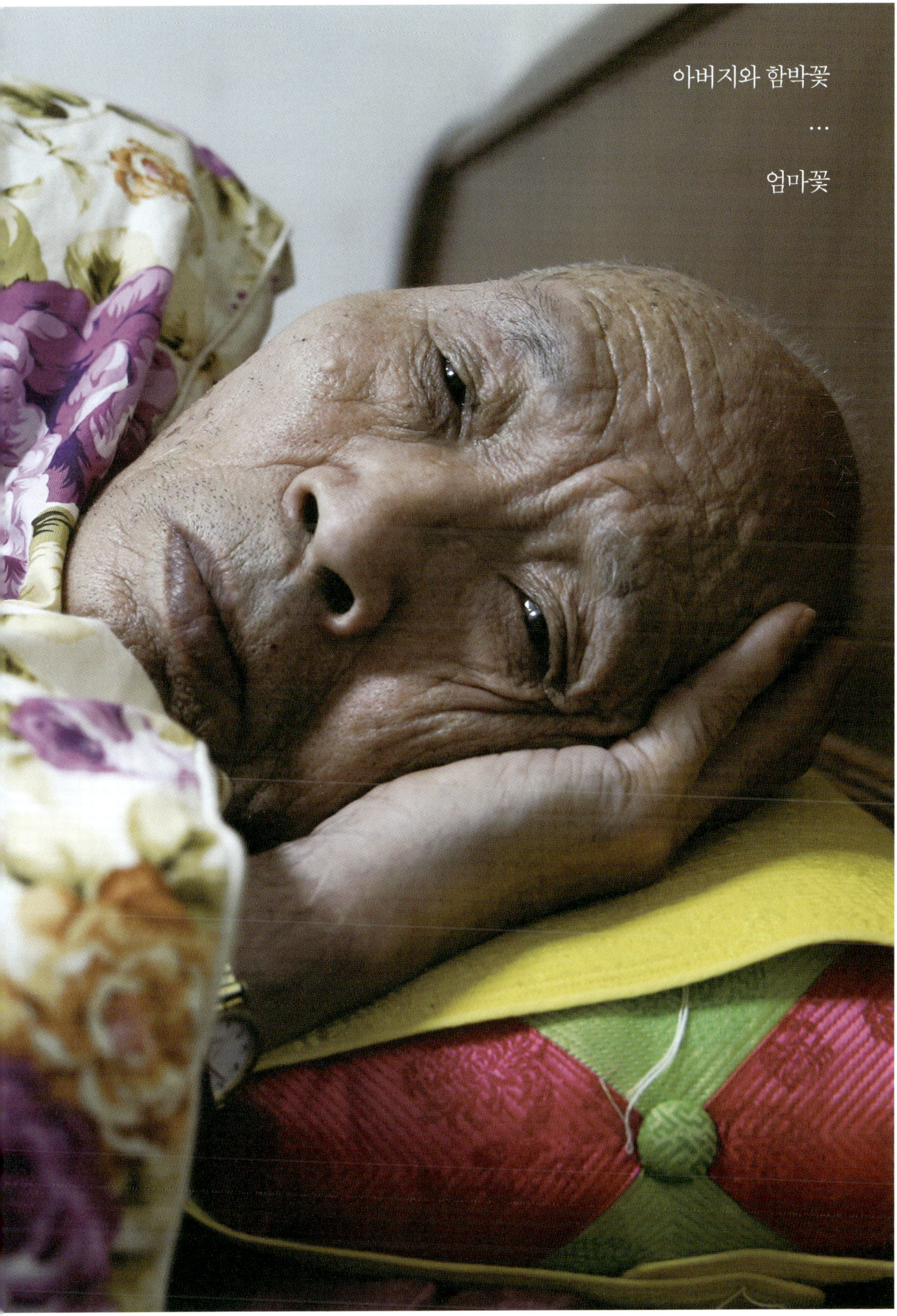

아버지와 함박꽃

…

엄마꽃

에필로그

모든 것에는
마지막이 있다.

"나 더 살아야 되는데…"

작년 김장하던 날,
엄마의 마지막 목소리를 들었다.

엄마는 자주 체했다. 예민한 사람이었다.
살기 힘들어 당신의 예민함 정도는 숨기며 살았다.
대신 두드러기나 체증이 엄마 몸에 올라왔다.
그날도 엄마는 체했다.
일주일 뒤, 엄마 장례를 치렀다.

엄마 기일이다.
올해도 시댁에서 김장을 했다.
시어머니는 힘에 부치다 시며 내년에는 각자 하자 신다.
모든 것에는 마지막이 있다.

2020년 12월 5일,
코로나 때문에 엄마의 첫제사를 조용히 지냈다.
사진 속 엄마는 여전히 웃고 있다.

아내에게 '나는 천치 바보였다'고 고백하는 아버지

2019년 12월 7일 순천행 고속버스를 타고 조문을 다녀온 지가 1년이 되었다. 장례식장에서 만난 막내딸은 비교적 밝은 표정이어서 다행이었다. 엄마를 잃은 슬픔으로 인사불성은 아닐까 걱정했는데 차분히 오빠를 비롯해 조카들까지 인사를 시키는 등 여느 빈소와 다를 바 없는 분위기 속에 조문을 마쳤다.

장례를 치르고 며칠 후 막내딸은 페이스 북에 아버님의 육필 편지글을 올렸다. 어머님이 병원에 계시는 동안 흔들리는 손으로 쓰신 회한의 연서인 셈이다. '자서서'라는 제목의 글은 "사랑하는 부인에게 평생을 두고 잘못된 자서서를 올립니다. 용서를 바랍니다. 나는 천치 바보였습니다."로 시작하는 길지 않은 글이다. 글은 '사랑하는'은 여섯 번, '바보 천치'는 두 번, 그리고 용서, 사과, 감사, 고마운, 어리석은 등의 수식어로 이어지는 글은 "나(내?)가 죽은 이후라도 수고했습니다. 감사합니다. 사랑했습니다. 편히 쉬다가 가십시오. 이해가 넓으며 고마운 분입니다."로 끝을 맺는다. 퇴원 후 보라고 쓰신 것인데 정작 어머니는 영영 못 보시고 대신 딸이 본 편지다. 제목을 빼면 열 줄에 불과한 장편(掌篇)이지만 그 속에는 여순항쟁, 그리고 6·25 참전으로 독수공방을 시킨 시대의 한까지 담겨있다.

여기에서의 막내딸은 김유리 작가이다. 집안의 대소사를 통해 지금까지 알고 있던 한 작가의 모습을 좀 더 들여다 볼 수 있는 계기가 되었다. 1년의 시간이 지나 일련의 일들이 잊힐 즈음 이번에는 홀로 남으신 아버님을 중심으로 사진집을 내겠다고 한다. 한편 생각하면 당연한 일을 하였구나 하는 당위성도 있지만 남다른 용기가 돋보여 박수를 보낸다.

우리 사진계에서 가족사진을 찍은 예가 그리 흔한 일이 아니다. 지금까지의 예로는 사진집「윤미네 집」(전몽각 저), 그리고 그림과 일부 사진을 곁들인「박정희 할머니의 육아일기」(박정희 저) 등이 자식을 담은 고전이라 하겠다. 중국 작가가 낸「나의 아버지 나의 어머니」(지아오 보 저, 2000년 한국어판 출간)를 꼽을 수도 있다. 책 표지를 넘기면 '세상의 무게가 어깨를 짓눌러도 눈물 한번 내비친 적이 없는 아버지 그러나 뒤돌아선 당신은 얼마나 많은 불면의 밤을 보냈는지 모릅니다. 어느덧 꽃다운 시절은 사라지고 빈 들녘에 앙상한 나뭇가지로 남아있는 어머니 그동안 당신에게서 얼마나 많은 열매를 따먹었는지 모릅니다.'로 시작하는 사진 산문집은 사진을 통해 중국을 알게 했고 글은 중국인의 가슴을 읽게 하여 좋았던 기억이다.

그렇다면 김유리 작가의 아버지는 과연 어떤 관점에서의 아버지인가? 즉 '아내를 먼저 보낸 아흔 살 아버지'를 딸의 시선으로 본 사진들이다. 일 년여의 변화와 추이를 담은 사진에 젊은 시절의 기념사진 또는 6·25참전 제대증 등으로 시간의 확장은 물론이고 이야기를 살찌웠다. 이와 같은 물리적 확장이 아니어도 이미 아버지의 얼굴이나 몸에서 90세라는 연륜과 세

월이 켜켜이 배어있으니 더 말할 나위가 없다. 큰언니가 아버지 목욕시켜드리는 사진에는 '아버지는 다리가 불편하다. 그래서 자주 뒤처리에 실수를 하신다. 속옷 이곳저곳에 변이 말라붙어 있다. 그런 아버지는 큰 딸 앞에서 아이가 된다. 그녀는 익숙한 손놀림으로 아버지의 몸을 꼼꼼히 씻긴다. 아버지 벗은 몸을 처음 봤다. 맏딸은 무게가 다르게 태어나는 것 같다.'라는 작가의 글이 있다. 아흔 살 아버지의 치부를 다 드러내는 솔직함이 이 사진집 또는 사진의 힘이 아닌가 한다.

금년 4월부터 8월까지 김유리 작가가 운영하는 '갤러리꽃피다'에서 <가족> 기획전이 있었다. 여덟 명의 작가가 아들/딸, 남편, 시어머니, 아내, 부모님을 소재로 '카메라로 그리는 자화상 - 가족'을 5개월에 걸쳐 전시를 이어갔다. 신선한 기획전이라는 칭찬과 더불어 가족을 다시 생각하는 계기가 됐다라는 관람객들의 호평이 쏟아졌다.
뜻하지 않은 '코로나 19'라는 전염병으로 집에 머무르는 시간이 많아짐과 동시에 자연스레 가족들과의 대면 기회가 많아지면서 가족 간의 관계, 주거의 형태 등을 다시 생각하는 계기가 됐다. 우연의 일치치고는 대단한 일치였다. 다들 사진을 시작할 때 하나같이 '주변에서 주제나 소재를 찾아라', '가족을 찍어라' 등을 수도 없이 들었으면서도 실천이 안 되는 것이 바로 가족사진인데 이를 실천한 경우였으니 칭찬의 소리를 들을 만도 하다.

「아버지와 함박꽃」은 가족이라는 맥은 같으면서도 결은 다르다. 이미 한 분은 가셨고 남겨진 한 분의 이야기이기 때문이다. 미망인이 어디 여성에게만 국한된 말일까? 누구든 부모님은 천수를 다 하면 떠나기 마련이다. 그 이별을 어떻게 맞고 또 어떻게 받아들이느냐 하는 문제는 다 각자의 문제다. 또 그것을 어떻게 기록하느냐 하는 문제 역시 각자의 몫이다. 김유리 작가의 「아버지와 함박꽃」 또한 한 작가로서의 좋은 본보기인 셈이다. 필자의 경우 아들이 태어나서부터 서른 살이 될 때까지의 기록사진으로 「서른 살 엄주현」을 낸 후의 소감을 한마디로 표현한다면 '자식에게 체면치레 했구나'하는 생각이 가장 컸다. 김유리 작가 역시 '자식으로서 작으나마 도리를 했구나'하는 소감이 아닐까 한다.

작가의 아버님은 일제강점기, 한국전쟁, 4·19의거, 5·16군사정변, 민주화 등등 한반도의 격변을 다 겪어 보신 세대이다. 그 중에서도 17세 소년기에 여순항쟁으로 두 살 위의 형은 총살당하고 자식을 잃은 고통과 고문으로 아버지마저 돌아가시자 졸지에 가장으로 살아오신 한이 크신 분이다. 역사적 숙제는 뒤로 하더라도 앞으로 평안하시고 고통 없는 나날이 이어지시길 기원한다.

2020. 12

사진가 **엄 상 빈**

Special Thanks

서평을 써주신 엄상빈 작가님 / 특별한 첫 번째 독자 홍성인 선생님 /
격려로 함께해 준 김원, 김래희 작가 / 이정숙, 박성현 님 /
나의 빈자리를 채워 준〈디자인통〉권미선, 장태화 님 /

언니 김경숙, 김희숙 / 추억을 간직해 준 조카 김송이 /
엄마와 함께 커 준 주원, 정원 / 곁을 지켜준 남편 채규수 /

아버지와 함박꽃

펴 낸 날 | 2021. 1. 31
펴 낸 이 | 채규수
펴 낸 곳 | 꽃피다
서울특별시 중구 퇴계로36가길 50
대표전화 02-2278-7764, 02-2278-7745(팩스)
homepage : www.designtong.net
e-mail : kkotpida@hanmail.net
blog.naver.com/kkotpida-all
등　　록 | 제 2011-000096호(2011. 6. 3)
디 자 인 | 디자인통
인쇄·제작 | 디자인통

값 25,000원
ISBN 978-89-98486-00-6 03660